ORDONNANCE DU ROI,

Concernant les Crimes & Délits militaires.

Du premier Juillet 1727.

DE PAR LE ROI.

SA MAJESTÉ s'étant fait repréſenter le XXXe article du réglement donné à Poitiers par le feu Roi ſon biſayeul, le 4 novembre 1651, par lequel il auroit été ordonné que les anciens réglemens & ordonnances militaires ſeroient ponctuellement ſuivies pour toutes les choſes concernant la diſcipline & police des gens de guerre, auxquelles il étoit pourvû par icelles : Et étant informée des embarras qui naiſſent journellement dans les Conſeils de guerre, lorſqu'il s'agit d'y juger des crimes, délits ou autres cas intéreſſant le ſervice, la diſcipline & la ſubordination, tant parce que la pluſpart des Officiers qui y ſont appelés n'ont pas connoiſſance des ordonnances de François Ier du 24 juillet

A

1534, de Henri II des 20 mars 1550, 23 décembre 1553 & 22 mars 1557, qui ont établi la règle qui doit être suivie en ces matières, que parce que quelques-uns desdits cas n'y sont pas exprimés d'une manière affez précise pour lever toute difficulté; à quoi étant nécessaire de pourvoir, en réuniffant & expliquant les difpofitions, tant desdites anciennes ordonnances, que de celles du feu Roi bifayeul de Sa Majesté, relatives à cette matière, par une loi générale qui puisse faire connoître aux Soldats, Cavaliers & Dragons l'étendue de leurs devoirs; & à leurs Officiers, les peines qu'ils doivent prononcer contre ceux qui y manqueront. Sa Majesté, après avoir examiné lesdites ordonnances de François I.er & de Henri II des 24 juillet 1534, 20 mars 1550, 23 décembre 1553 & 22 mars 1557, & autres données en conféquence, a ordonné & ordonne ce qui suit :

ARTICLE PREMIER.

TOUS Soldats, Cavaliers & Dragons, feront tenus, fous peine de la vie, d'obéir aux Officiers des régimens & compagnies dont ils feront, en tout ce qui leur fera par eux ordonné pour le fervice de Sa Majesté, foit dans les armées, en route, dans les quartiers & dans les garnifons.

II.

VEUT Sa Majesté qu'ils foient tenus, fous la même peine de la vie, d'obéir à tous Officiers des autres compagnies ou régimens qui feront dans leur quartier ou dans leur garnifon; l'intention de Sa Majesté étant que vingt-quatre heures après l'arrivée d'un Officier dans lefdits quartiers ou garnifons, il foit réputé connu des Cavaliers, Dragons & Soldats qui s'y trouveront.

III.

ORDONNE Sa Majesté auxdits Officiers, de tenir la main à ce que les Soldats, Cavaliers & Dragons obéïffent aux Maréchaux-des-logis & Sergens de leurs compagnies & régimens avec lefquels ils feront en garnifon; Voulant

Sa Majesté que ceux qui leur desobéiront en choses concernant son service, soient punis corporellement, ou de mort, suivant la nature & la circonstance de leur desobéissance.

I V.

Tous Cavaliers, Dragons & Soldats qui mettront l'épée à la main contre des Officiers, soit de leur régiment ou des autres troupes de leur quartier ou garnison, qui les frapperont de quelque manière que ce puisse être, ou qui les menaceront, soit en portant la main à la garde de l'épée, ou en faisant quelque mouvement pour mettre leur fusil en joue, quand même ils auroient été frappés & maltraités par lesdits Officiers, auront le poing coupé, & seront ensuite pendus & étranglés.

V.

Le Cavalier, Dragon ou Soldat qui frappera un Maréchal-des-logis ou un Sergent, tant de son régiment que des autres troupes du quartier ou de la garnison, étant de garde ou de service actuel avec lui, sera puni de mort: Et hors le cas du service actuel, celui qui frappera un Sergent ou un Maréchal-des-logis, soit de son régiment ou de la même garnison, ou qui mettra contre lui l'épée à la main, sera condamné aux galères perpétuelles.

V I.

Celui qui frappera un Caporal ou Brigadier avec lequel il sera de garde, de détachement ou autre service actuel, soit que ledit Brigadier ou Caporal soit du même régiment ou d'une autre troupe du quartier ou de la garnison, sera pareillement condamné aux galères perpétuelles.

V I I.

Tout Soldat qui de jour ou de nuit, après avoir été posé en sentinelle, quittera son poste sans avoir été relevé par un Sergent, Caporal ou Anspessade, sera puni de mort.

V I I I.

Les Cavaliers & Dragons qui quitteront le lieu où ils

auront été mis en vedette, ordonnance ou autre faction, sans avoir été relevés par leurs Officiers, seront condamnés à la même peine.

I X.

TOUT Soldat ou Cavalier étant en sentinelle ou faction, qui se trouvera endormi pendant la nuit, sera pareillement puni de mort.

X.

LORSQUE la garde de nuit aura été posée dans une place de guerre, celui qui tirera des armes à feu, ou qui fera du bruit ou autre chose capable de causer quelque alarme dans une place de guerre, sera mis sur le cheval de bois, chaque jour pendant un mois à l'heure de la garde-montant.

X I.

SERA condamné à la même peine celui qui s'enivrera le jour qu'il sera de garde.

X I I.

QUICONQUE donnera ou fera connoître l'ordre à l'ennemi, ou à aucun autre qu'à ceux à qui il doit être donné, sera pendu & étranglé.

X I I I.

TOUT Soldat, Cavalier ou Dragon qui mettra l'épée à la main dans un camp ou dans une place de guerre, étant agresseur, sera condamné aux galères perpétuelles: Voulant Sa Majesté que dans le cas où deux Soldats, Cavaliers ou Dragons mettroient l'épée à la main l'un contre l'autre volontairement, & sans que l'un des deux y eût été forcé pour la défense de sa vie, ils subissent tous deux la même peine des galères perpétuelles.

X I V.

TOUT Cavalier, Dragon ou Soldat qui aura été offensé par un autre, soit de parole ou de fait, s'adressera à l'Officier commandant dans la place ou dans le quartier; lequel, après avoir ouï les raisons des parties, fera faire à l'offensé telle réparation qu'il jugera convenable, & impofera à l'offenfeur le châtiment que le cas lui paroîtra mériter.

X V.

LORSQUE des Soldats, Cavaliers ou Dragons auront l'épée à la main pour fe battre, & qu'un de leurs Officiers ou autre de la garnifon furvenant, leur criera de fe féparer, ils feront tenus de lui obéir fur le champ, fans pouvoir pouffer un feul coup, à peine d'être paffés par les armes.

X V I.

CELUI qui infultera & attaquera un Soldat, Cavalier ou Dragon étant en fentinelle, ordonnance ou faction, foit l'épée à la main, le fufil en joue, ou à coups de bâton ou de pierre, fera paffé par les armes.

X V I I.

TOUS Cavaliers, Dragons ou Soldats qui exciteront quelque fédition, révolte ou mutinerie, ou qui feront aucune affemblée illicite, pour quelque caufe & fous quelque prétexte que ce puiffe être, feront pendus & étranglés.

X V I I I.

SUBIRONT la même peine ceux qui fe trouveront en pareilles affemblées, ou qui auront appelé, excité, ou exhorté quelqu'un à s'y trouver.

X I X.

SERONT pareillement punis de peine corporelle, ou de mort, fuivant l'exigence des cas, ceux qui auront dit quelques paroles tendantes à fédition, mutinerie ou rébellion, ou qui les auront entendues fans en avertir fur le champ leur Capitaine ou Officiers fupérieurs.

X X.

CELUI qui étant engagé dans quelque querelle, combat, ou autre occafion, appellera ceux de fa nation, de fon régiment ou de fa compagnie, à fon fecours, ou formera quelque attroupement, fera paffé par les armes.

X X I.

CEUX qui auront fait quelqu'entreprife ou confpiration

contre le fervice du Roi, & la fûreté des villes, places &
pays de fa domination, contre les Gouverneurs & Commandans defdites places, ou contre leurs Officiers : comme
auffi ceux qui y auront confenti, ou qui en ayant eu
connoiffance, n'en auront pas averti leur Capitaine ou
Meftre-de-camp, feront rompus vifs.

X X I I.

DÉFEND Sa Majefté, fous peine de la vie, à tous
Soldats, Cavaliers & Dragons, de voler ou piller les
Vivandiers, ou Marchands venant dans les villes ou dans
les camps, & de prendre par force & fans payement,
foit pain, vin, viande, biére, brandevin, ou autres denrées
& marchandifes, tant dans les marchés des villes & dans
les boutiques, que dans les camps, ou en route.

X X I I I.

LEUR défend pareillement Sa Majefté, à peine d'être
paffés par les verges, d'aller hors du camp ou de la
garnifon, au devant de ceux qui y apportent des vivres,
pour en acheter, quand même ce feroit de gré à gré
& fans aucune violence.

X X I V.

LEUR défend Sa Majefté, fous peine de la vie, de
voler les meubles ou uftenfiles des maifons où ils feront
logés, foit en route ou en garnifon.

X X V.

TOUT Soldat, Cavalier ou Dragon, qui, de guet-
à-pens, méchamment, & avec avantage, en bleffera ou
tuera un autre, fera pendu & étranglé.

X X V I.

QUICONQUE aura pillé, volé ou dérobé en temps
de paix ou pendant la guerre, foit dans le royaume ou
en pays ennemi, calices, ciboires, ou autre bien d'Eglife,
fera pendu & étranglé : Et fi par les circonftances du
vol, il fe trouvoit y avoir eu profanation des chofes facrées,
il fera condamné au feu.

X X V I I.

CELUI qui dérobera les armes de son camarade ou autre soldat, en quelque lieu que ce soit, sera pendu & étranglé : Et celui qui dérobera dans les chambres des casernes, leur linge, habit ou équipage, ainsi que le prêt ou pain de ceux de sa chambrée, sera condamné à mort, ou aux galères perpétuelles, suivant les circonstances du du cas.

X X V I I I.

CELUI qui vendra sa poudre ou son plomb, sera mis pendant quinze jours sur le cheval de bois, à l'heure de la garde, s'il est en garnison; si c'est dans un camp, il sera mis au piquet pendant le même temps.

X X I X.

PERSONNE, de quelque condition, grade ou caractère que ce soit, ne pourra, sous peine de la vie, avoir correspondance en temps de guerre avec l'ennemi, par aucune voie que ce puisse être, sans la permission du Général, si c'est à l'armée ; ou du Commandant de la province ou de la place, si c'est dans les quartiers ou dans les garnisons.

X X X.

DÉFEND Sa Majesté à toutes personnes que ce puisse être, à peine de punition corporelle, ou de la vie, suivant l'exigence du cas, d'attenter ou d'entreprendre rien contre les personnes, villes, bourgs, villages, châteaux, hameaux, ou autres biens & lieux auxquels Sa Majesté aura accordé sauvegarde.

X X X I.

QUICONQUE, sans permission de son Commandant, sortira d'une place ou fort assiégés, ou s'écartera au-delà des limites d'un camp, pour quelque prétexte que ce puisse être, sera pendu & étranglé.

X X X I I.

TOUT Soldat, Cavalier ou Dragon qui sortira d'un camp retranché, ville de guerre ou fort, ou qui y rentrera par quelque détour, par escalade, ou autrement que par les portes & chemins ordinaires, sera pendu & étranglé.

X X X I I I.

LE Cavalier, Soldat ou Dragon qui étant dans le camp ou dans la garnison, ne suivra pas son drapeau ou son étendard, dans une alarme, champ de bataille, ou autre affaire, sera, comme déserteur, passé par les armes.

X X X I V.

CHACUN secourra & défendra les drapeaux ou étendards de son régiment, soit de jour ou de nuit, & s'y rendra au premier avis, sans les quitter, jusqu'à ce qu'ils soient portés & mis en sûreté, sous peine de punition corporelle, ou de mort, suivant l'exigence du cas.

X X X V.

TOUS Cavaliers, Dragons ou Soldats en faction, comme aussi les Brigadiers commandant la garde des étendards, qui laisseront sauver les prisonniers qui leur seront consignés, & à la garde desquels ils auront été établis, seront condamnés à servir comme forçats sur les galères pendant trois années. Enjoignant Sa Majesté aux Officiers de garde, de veiller & tenir la main à l'exécution du présent article, à peine d'en être responsables en leur propre & privé nom.

X X X V I.

DÉFEND Sa Majesté, en conformité de l'ordonnance du 20 mai 1686, à tous Cavaliers, Dragons & Soldats, de jurer & blasphémer le saint Nom de Dieu, de la sainte Vierge ni des Saints; sur peine, à ceux qui tomberont dans ce crime, d'avoir la langue percée d'un fer chaud: Voulant Sa Majesté que les Officiers de la troupe dont ils seront, soient tenus, aussi-tôt qu'ils en auront connoissance, de les remettre au Prevôt étant à la suite d'icelle, ou au Major du régiment, pour leur faire subir la peine susdite.

X X X V I I.

TOUT Officier qui osera insulter un Commissaire des

guerres dans ſes fonctions, ſera ſur le champ envoyé en priſon par le Commandant du corps dont ſera ledit Officier, ou par ordre du Commandant de la place où l'inſulte aura été commiſe; leſquels en informeront ſur le champ le Secrétaire d'État de la guerre, pour, ſur le compte qui en ſera rendu à Sa Majeſté, être ledit Officier puni ainſi qu'il ſera par Elle ordonné, ſuivant les circonſtances du cas.

X X X V I I I.

A l'égard des Cavaliers, Dragons & Soldats qui ſeront aſſez téméraires pour attenter à la perſonne deſdits Commiſſaires, ſoit en les frappant ou ſe mettant en poſture de les frapper, veut Sa Majeſté qu'ils ſoient jugés par le Conſeil de guerre, & condamnés à être pendus & étranglés.

X X X I X.

DÉFEND très-expreſſément Sa Majeſté auxdits Cavaliers, Dragons & Soldats, de frapper ou inſulter les Maires, Échevins, Conſuls, Juges & autres Magiſtrats des lieux où ils ſeront en garniſon, ou par leſquels ils paſſeront lorſqu'ils ſeront en route: Voulant Sa Majeſté que ſur la requiſition deſdits Magiſtrats, les accuſés ſoient mis en priſon, pour être jugés par les Prevôts des Maréchaux, ou par les Juges des lieux, ſuivant la nature & les circonſtances du délit.

X L.

DANS le cas où leſdits Magiſtrats ou Officiers municipaux auroient été frappés ou inſultés par des Officiers des troupes de Sa Majeſté, ils en adreſſeront leurs plaintes & procès verbaux au Secrétaire d'État de la guerre, pour, ſur le compte qui en ſera par lui rendu à Sa Majeſté, y être par Elle pourvû ſelon & ainſi qu'il appartiendra.

X L I.

LORSQUE les Prevôts, archers ou autres prépoſés par les Juges ordinaires, arrêteront priſonniers des Soldats ou autres accusés, aucun Cavalier, Dragon ni Soldat ne pourra s'y opposer, les leur ôter de force, ni se mettre en devoir de les leur ôter, à peine de la vie.

XLII.

DÉFEND Sa Majesté à tous Soldats, Cavaliers & Dragons, d'aller ni envoyer couper, abattre & dégrader aucun bois dans ses forêts, bois, buissons & domaines, ni dans ceux des particuliers; de chasser ni pêcher dans les terres des seigneurs; comme aussi de tirer sur les pigeons, poules, poulets, lapins & autres animaux domestiques, & d'endommager les moulins, viviers & étangs; le tout à peine de punition corporelle.

XLIII.

TOUT Soldat, Cavalier ou Dragon qui trichera ou pipera au jeu, sera puni corporellement. Veut Sa Majesté que si dans les camps ou dans les places, il s'établissoit des jeux de hasard & capables d'engendrer querelle, les Commandans ou Gouverneurs fassent rompre les tables, machines & ustensiles servant auxdits jeux, & qu'ils fassent mettre en prison ceux qui tiendront lesdits jeux.

XLIV.

DÉFEND Sa Majesté à tous Officiers, Cavaliers, Dragons & Soldats, d'avoir & entretenir à leur suite aucune fille débauchée; à peine auxdits Officiers d'être cassés, auxdits Soldats, Cavaliers & Dragons de trois mois de prison, & auxdites filles d'avoir le fouet & d'être chassées des Armées ou des Places.

XLV.

VEUT au surplus Sa Majesté que les ordonnances rendues par le feu Roi son bisayeul, contre les déserteurs, suborneurs & séducteurs, passe-volans, faux-sauniers, contrebandiers, contre ceux qui auront vendu ou acheté des outils, habillemens, armes & chevaux des troupes de Sa Majesté, ou des métaux, poudres, pièces & munitions d'artillerie, & généralement toutes autres ordonnances auxquelles il n'eſt point dérogé par la préſente, ſoient exécutées ſelon leur forme & teneur.

MANDE & ordonne Sa Majeſté aux Gouverneurs & ſes Lieutenans généraux en ſes provinces & armées, Gouverneurs & Commandans particuliers de ſes villes & places, Chefs & Officiers de ſes Troupes, Intendans & Commiſſaires départis dans ſes provinces, Commiſſaires des guerres ordonnés à la police deſdites troupes, Prevôts des Maréchaux, & autres ſes Officiers qu'il appartiendra, de tenir la main, chacun en ce qui le concernera, à l'exécution de la préſente ordonnance, laquelle Sa Majeſté veut être lûe & publiée à la tête deſdites troupes, & affichée dans les principaux corps-de-garde de ſes places, & autres lieux que beſoin ſera, à ce qu'aucun n'en puiſſe prétendre cauſe d'ignorance. FAIT à Verſailles, le premier juillet mil ſept cent vingt-ſept. *Signé* LOUIS. *Et plus bas,* LE BLANC.

A PARIS,
DE L'IMPRIMERIE ROYALE.

M. DCCLIX.